大家小小书

篆刻 程方平

新编历史小丛书

梅兰芳

么书仪

著

北京出版集团
文津出版社

目　　录

一、走红的歌郎

在中国京剧史上，有三个人在艺术上是被梨园和观众、时人和后人公认的经典和顶峰，他们就是谭鑫培、杨小楼和梅兰芳。

老谭和小梅都得到过"伶界大王"的称号，杨小楼拥有过"国剧宗师"的桂冠，他们都是梨园行的佼佼者、舞台上的常胜将军，都因为艺有真赏而实至名归。

他们都曾经是名重一时的舞台明

星，然而，在了却前尘之后，回念他们的一生经历，却是有幸有不幸：老谭死得凄惨、小楼身后凄凉，相比之下，梅兰芳无论在新、旧社会，身前身后，台上台下，经济政治……各个方面都一直保持着头上的光环，真可算得上是一生幸运。

梅兰芳占有天时、地利和人和：出身梨园世家、赶上变革的时代、身边不缺少扶助他的"贵人"，这可能是上天对他特别的眷顾吧！

梅兰芳天性醇厚：为人谦恭平和、器量弘深；处事与人为善、从善如流；对于职业尽职尽力、临事不苟……这样的天性不仅让他一生拥有"人和"，而且让他把"出身梨园世家"和"赶上变革的时代"真正变成自己的"天时"和"地利"——要知道，出身和时代都并不是只属于梅兰芳一个人的啊！

这样的天性，让他即使是在乱世也能够既不违背自己的生活原则，也能够躲闪腾挪，避开灾难！

这样的天性，使他的成功率很高：成年之前是走红的歌郎，成年之后是"伶界大王"，进入老年他成了新中国的"官员"——一切都做得恰到好处，一直到他离开这个世界，他都是一个有口皆碑的人物。

听戏、"打茶围"是晚清京师有闲、有钱人（主要是官员、商人和士人）的主要娱乐方式。

在戏园子观看伶人在台上表演是

听戏，到伶人家中饮酒、听歌、闲话，叫作"打茶围"，从事这一服务的年轻的伶人叫作"歌郎"，因为伶人的住处叫作堂子，所以"打茶围"也叫"逛堂子"。

在晚清的社会生活中，"打茶围"曾经是各种娱乐活动中最时尚、最风流的一种，也几乎是被全北京城的男人们关心、议论、参与、爱好、憎恨、念念不忘的一种。从嘉庆、道光，直到光绪，这一行业都在京师南城发展得如火如荼，它的活力和魅力持续了将近一个世纪。

那么，如果是从研究的角度来考虑，到底应该从哪些方面去追寻晚清"打茶围"行业发生、生长和长盛不衰的潜在支持呢？这大概就要看看市场和需求了。

堂子的出现始于徽班进京，来自安徽、苏扬一带的，年轻貌美、能歌善舞的优伶，同时也精通侑酒的技术，习惯于兜揽侑酒的生意，这是徽人的商业意识和吴越旧俗的长期融合——他们是成熟的卖方。在徽班进京的同时，也就把这些一起带进了京城，从此，戏班的伶人白天做台上的生意，晚上做台下的买卖，"打茶围"很快就在京城成为风气。

从买方来看：豪门士大夫从明代以来就有狎优的传统，可是清代前中期禁止官员出入戏园、狎妓饮酒的政令在顺治、康熙、雍正、乾隆时代一直在执行，这使得京师的生活中就缺少了一块满足释放偏于性需要的娱乐项目，这是其一。其二是文士和商人以及百姓构成的普通观众其实也普遍都有一种好奇的心理存在：看过了台上名伶的精彩表演，就会对于演员的便装形象、日常生活产生兴趣，特别是清代的戏班子没有女子，台上的多情公子、红粉佳人都是男演员扮演，就更有一种性别置换的神秘色彩和特别的吸引力。所以"打茶围"——年轻的伶人，特别是面貌姣好的"男旦"（唱旦行的男演员）在自己的"下处"（住处）或者顾客指定的饭庄（饭馆）接待客人，侑酒（劝酒、陪酒）、歌唱、游戏、闲话这一收费服务，就恰恰投合了京师上、中层社会的这一心理和需求。"打茶围"的买卖一开张，马上就拥有了很大的买方市场。

堂子在京城的兴起像是风起云涌，同时也就呈现出良莠不齐，就像周明泰在《枕流答问》中所说的：

> 当时私房子弟，以年青貌都，大多数习为旦角，后来子弟浮薄，行为不检，而达官贵人，从而利诱，文人墨客，又自命风雅，推波助澜，老板们以慑于官威，明知故纵，其不肖者，亦不免因此博利，遂使人误以相公为像姑，牵强附会，真视相公堂子如妓薮矣。

与所有的社会现象一样，堂主、歌郎和客人之中，都有自爱的和不自爱的，也确实有歌郎形同娼妓。

梅兰芳就出生在这样的年代，那是光绪二十年，岁在甲午，阳历一八九四年。

在二十世纪初，梅家三代的经历是人所共知的往事：梅兰芳的祖父梅巧玲除了曾经是名伶、是四喜班（戏班子）班主，名列"同光十三绝"之外，还是咸丰年间醇和堂（堂子名称）著名的歌郎。同治年间，他"脱籍"（幼童进入堂子需要立下"契约"，在限期之内没有人身自由，到期或者提前交纳违约金，方能"脱籍"获得人身自由）自己经营堂子——景和堂，成为景和堂主人。梅巧玲的儿子梅竹芬（大琐、雨田）、梅肖芬（二琐）子承父业，也曾经是光绪年间走红的歌郎，梅雨田后来学习文场，成为著名的琴师，梅兰芳的父亲梅肖芬在梅巧玲死后，成为景和堂二主人……

景和堂也曾经是当时出名的堂子，门下走红的歌郎不少，后来，景和堂在梅肖芬死后，随着家道中落也就衰败了。

梅肖芬死后，梅兰芳由伯父梅雨田抚养，梅雨田开始让梅兰芳读书，后来因为经济的缘故，梅兰芳被送到朱小芬的云和堂（朱小芬的父亲朱霭云出身于梅巧玲的景和堂）为私寓（堂子）子弟，一方面学艺一方面做歌郎。

虽然云和堂主人朱小芬是梅兰芳的姐夫，但是，梅兰芳进入云和堂还是履行了"典""质"的手续（类似于签订"卖身契"，契约内容大致是：自愿到某某名下为徒，生死各由天命，几年出师，出师之前收入全归师父所有，等等）——亲戚归亲戚，买卖是买卖，可能是旧时商界的规矩。

在祖父梅巧玲、父亲梅肖芬之后，梅兰芳是梅家的第三代歌郎，他以与生俱来的、对于任何事情都是尽心尽力的态度，步入了梨园行台上和台下的职业———一边用心地学艺，一边用心地做歌郎……

光绪三十年（一九〇四）梅兰芳十一岁的时候，他在广和楼第一次上台演出《鹊桥密誓》中的织女，自言"一边唱着，心里感到非常兴奋"。在十四岁的时候，他已经开始在喜连成附学，参加上台演练折子戏。

有记录说是：一九〇四年的最后一次"菊榜"（排列歌郎色艺和服务优劣的名次）：王蕙芳（梅兰芳的表兄）状元，朱幼芬（梅兰芳的姐夫、朱小芬的弟弟）榜眼，梅兰芳名列第七（一说名列探花）。鸣晦庐主人的《闻歌述忆》中，也记录了罗瘿公、马炯之与鸣晦庐主人一起，召请"梅郎"到万福居侑酒的过程：

……予以是日招梅，熏沐而往。熏沐非原（原非？）恭畏，第恐见憎美人，特加饰耳。乃梅郎竟翩然依人而至。乳燕娇轻，群加怜惜。甫入微笑，瓠犀稍隐，初未大展，盖其齿本近唇，差里也。著青摹本细花夹衣，背心亦作青色，青帽绒顶，双足深藏未露。坐定命餐，要糖炙苹果，又要炮鸡丁、陈子羹等菜。樱口轻含，异常妙妩。

饭毕，余思将何以慰之？遂得一事，乃取余眼镜，俯以近其身，轻声曰："你试之，予目近（近视）也。"梅郎浅笑离座，持之甚谨，略一加目，即捧还予手。曰："哟，真晕呐，我可带（戴）不得，您眼可真近呐。"

时凤卿之子同莅，亦欲索观，予竟与之。梅郎向雏凤曰："你可别给人家摔啦，你怎么还是这么淘气！"言毕，不知何由，面竟微赧。余于是知其善感矣。余尝研考髫年心理，悟人群艳其色，亦未尝不自惜其妍……

又学瑶卿、玉珊《汾河湾》《醉酒》以悦之，梅笑曰："真像。"又娓娓告余以《虹霓关》一剧，丫鬟实系青衣，不过为露手戏而已。色本乳娘，后紫云演此，遂作花衫，著背心如贴旦装矣……

复饮于福兴居，仍为瘿公主人，炯之（马炯之）亦临。时寒云（袁世凯的二子袁克文）方映历代帝王画像，予因密迩，常往观之。席间，炯（马炯之）复谈及梅郎曰："闻后妃面上嵌珠，真怪呵！怎么会按得上呢？炯之，我倒要去瞧瞧，二爷（指袁克文）亦熟，他总肯吧！"马（马炯之）曰："巴不得你去，会不肯？"此言已略含梅子风味矣。余亦鞭然，梅竟无觉，其人真老实也。

而九阵风（阎岚秋）亦为瘿公所契，招之饮，予亦偕往，虽武健亦略含婀娜。其弟岚庭，尤有天真，昆玉并可念也。

这里记录的梅郎的穿着打扮、神

情动作、座间的谈话、鸣晦庐主人"惊艳"的感受、"打茶围"的人与歌郎之间的微妙关系，也是歌郎的阎岚秋兄弟的神态……都可以让我们想象当时"打茶围"这一娱乐活动的情景实况。

这则记录也可以说明，当时的梅兰芳已经是受到迷恋的走红歌郎。

梅兰芳十四岁（一九〇七）在侑酒的过程中，结识了冯耿光（冯国璋为总统时任命的中国银行总裁），也结识了一大批官员和名流：奭召南、易实甫、樊樊山、罗瘿公、谢素声、文伯英……

波多野乾一在《京剧二百年历史》中说是："京僚文博彦，出巨金为梅兰芳脱籍。"如果这则记录属实，文博彦应当也是梅兰芳做歌郎时候喜欢他的京中官僚——梅兰芳应该感谢文博彦，有文博彦为他付"巨金"让他提前出籍，梅兰芳才有可能在契约到期之前离开"堂子"专心于台上演戏。

当时歌郎成功的标志是：有"老斗"彼此钟情，有人肯为他出钱让他提前"出籍"获得自由，有人愿意为他购置房产、打理婚事，而且平时还有很多的崇拜者追随左右……梅兰芳作为歌郎不仅可以算是"成功"，而且他的特别之处还在于：他把起初是仰慕他的色、艺的崇拜者，慢慢地变成可以终其一生的朋友。

二、梅兰芳与冯耿光

穆辰公的《伶史》中说："诸名流以其为巧玲孙，特垂青焉，幼伟（冯耿光）尤重兰芳。为营住宅，卜居于芦草园。幼伟性固豪，挥金如土。兰芳以初起，凡百设施，皆赖以维持。而幼伟亦以其贫，资其索用，略无吝惜，以故兰芳益德之……"

如果用当时娱乐业的"行话"来说，冯耿光是梅兰芳的"老斗"——逛堂子的客人喜欢某一歌郎，而且舍得为他花钱，二人长期交往，关系非同一般，这位客人就成为歌郎的"老斗"；如果用宿命的说法，他是梅兰芳生命中的"贵人"，他们的交情持续了几十年。

梅兰芳感激冯耿光帮助他"四十余年如一日"，为他出力、花钱毫不吝惜的事情数不胜数，其中的两件最能表现他们之间非同寻常的关系：一次是在一九一五年至一九一九年，为了维护梅兰芳和自己的名誉，冯耿光灭了两家报纸；二次是在一九二九年，他以银行总裁身份之便，为梅兰芳筹措十万元资助他前往美国演出。

第一件事发生的起因是，京师《国华报》记者穆辰公（满族，名

梅兰芳便装照

儒丐，原名穆都哩，字辰公、六田）
一九一五年在《国华报》连载小说《梅
兰芳》，从梅兰芳幼年从业写起，到赴
日本演出终止，重点是写梅兰芳从髫年
起始做歌郎走红的过程，其中有很大的
篇幅谈到梅兰芳作为歌郎从事"打茶
围"生意的生活景况，主要的内容有：
他与众多的官宦、名流、文人、雅士之
间，属于商业往来的陪酒、陪聊、陪笑
生涯，与世家子弟郭三相出于情的同性
相恋，与奭召南、谢素生、罗瘿公、易
实甫、樊樊山诸位官宦名士惕于钱和势
的亲密无间，和"老斗"冯耿光与众不
同的关系，冯耿光钟情于梅兰芳并把他
视为己有的景况……

由于小说《梅兰芳》的纪实性，

并且涉及了有权有势的社会要人冯耿光（冯耿光字幼伟，书中"马幼伟"即指冯耿光），所以在刊出之后，在读者之中引起了极大的轰动。接着，连载《梅兰芳》的《国华报》和《群强报》相继被勒令停刊，读者不明所以，议论汹汹、猜疑四起，两家报纸和穆辰公共同承担了"严重的"后果，穆辰公受害首当其冲……

穆辰公担当着读者的误解和权力者的加害，于第二年（一九一六）离开京师，两年之后的一九一七年才在奉天（沈阳）日本人所办的中文报纸《盛京时报》安顿下来，为了给读者一个交代，也为了心头的不平和怨愤，穆辰公完成了十五回本的纪实性小说《梅兰芳》，在一九一九年出版了单行本——印刷所是盛京时报社，印刷者是小林喜正。

书的前面有四则序文，它们是"中华民国八年岁在己未荷月悯卿室主人谨叙于藩水""己未荷花生日瘦吟馆主序于万泉河上""中华民国四年十二月四日东沧布衣许烈公谨序"（后有"儒丐附志"）和穆辰公的"答曾经沧海客（代序）"（后有"儒丐附志"）……

穆辰公在"答曾经沧海客（代序）"后的"儒丐附志"中，讲述了这件事的始末：

民国四年（一九一五）吾

书始见于京师《国华报》，未数日为有力者所劫，勒令停刊，有力者为谁？即书中所叙马幼伟其人也。后《群强报》又转录之，亦遭同一之不幸，于是《梅兰芳》一书遂不能竟其业，而外间不察，以此书之停刊为受兰芳之贿买，当时，仆与《群强报》主任陆瘦郎合登广告以明心迹，有"若贪不义之财，必得不善之果"之句，而世人之疑终不能释。"曾经沧海客"之质问即其一也。

尔来仆奔走衣食无暇及此，丁巳（一九一七）冬入盛京时报社，以应友人之嘱为《女优》一书，固无意于重续《梅兰芳》之旧作，后徇友人华公之怂恿，始完成之，又以谬承读者之推许，而印行之议遂决。

自吾书初见《国华报》至于今日，其间迭经摧折已四年于兹矣……《国华报》于民国五年（一九一六）已停刊，今吾书成而该报已归乌有，回首前尘，感慨系之矣。

穆辰公的朋友许烈公在写于民国四年（一九一五）的序文中，对于穆辰公把《梅兰芳》作为社会小说来写作的初衷，有详细的叙写：

梅兰芳优而娼者也，迹其平生，龌龊万状，宜乎为社会所不齿，世人所吐弃，然优而娼者非兰芳始，而使兰芳至于优而娼者，亦非兰芳之本心，实不良之社会万恶之金钱有以驱使之也，苟无不良之社会，万恶之金钱，则兰芳优可耳，何至于娼？况兰芳之艺可以操梨园必胜之券，挟其所怀抱，亦可优游一世，何必再以不洁不净者贻毕生之污玷哉！故曰不良之社会万恶之金钱有以驱使之也。

辰公之为兰芳作"外史"，亦有愤于社会之不良金钱之万恶，构成一种龌龊不堪之风气，而使优洁清白者受毕世难洗之羞耻，且小则有悖人道，大则有丧礼教，故借稗史之直笔写社会之真状，盖欲警戒群愚扫灭万恶，其心苦，其志正，诚幽室之禅灯，迷途之宝筏也，而茧茧者流以为不利于兰芳之名誉，一再阻挠，直欲举个人言论自由钳制之不使发，其心亦何愚乎？

夫兰芳之龌龊史，不自辰公作"外史"始播露于人间也，稍留心社会情形者类能道之，而辰公之为兰芳作外史，非欲矜其能刺人隐私也，即不忍目睹龌龊之风气，蔓延于社会祸吾群生，故不惮笔墨之劳曲曲传出，此余所以有"其心苦，其志正"之言也……

许烈公说得明白：

第一，歌郎这一职业的性质是"优而娼"，这是事实。

第二，梅兰芳做歌郎是受社会和金钱驱使，责任不在本人。

第三，梅兰芳作为歌郎的种种事情早已是人所共知，并非"外史""刺人隐私"。

第四，小说《梅兰芳》的写作目的是揭示"社会之不良，金钱之万恶"。

穆辰公对于两报被勒令停刊自然是心存怨愤，亦曾经有过"辰公小说必

年轻的梅兰芳（饰演白娘子）、姜妙香
（饰演许仙）、姚玉芙（饰演小青）演出
《白蛇传》剧照

有出现之一日，以公同好，除海枯石烂、人类灭绝，吾书或归乌有，不然，必履吾志"的誓言，所以，《盛京时报》印行单行本《梅兰芳》，对于穆辰公和他的支持者来说，真成了一件大快人心的事情。

而从上述的四则序文来看，穆辰公对于这本书还会引起什么后果，并没有什么精神上的准备。或许是穆辰公和怂恿他的人，以为此时距离《国华报》《群强报》被勒令停刊已有四年之久，当时的热烈和轰动已然经过了"冷却"，"有力者"也有了检讨自己行为的时间？或许是他们觉得当时毕竟已经是讲究"民权"和"言论自由"的民国时代，对于文字的管制不至于仍然没有章法？或许是他们觉得奉天远离京师，远离了京师的"有力者"，加害也不至于如影随形？或许是他们寄希望于盛京时报社乃是日本人经营，"有力者"有可能心存顾忌？当然，这些都是推测。

可是，小说出版之后，加害仍然跟踪而至："冯耿光悉数收购而焚之"——郑逸梅的《艺林散叶续编》第一百五十三条，记下了这一笔——权势者仍然是无往而不胜！

冯耿光把事情做得很是彻底，看来《盛京时报》也没有再顶风重印，现在，《梅兰芳》这本书在日本尚存，而在国内几乎绝迹。

从冯耿光的立场来看，谁敢登载

"诋毁"梅兰芳的小说，就让它"停刊"！谁敢出版"诋毁"梅兰芳的小说，就把它们买来销毁！事情也算是做得干净漂亮。冯耿光相信，杀鸡给猴看！以儆效尤！以警来者！只要谁都不许提，不许说，这段"历史"终究会被遗忘，就像是从来没有发生过一样。

一九二九年冯耿光为梅兰芳筹措十万元巨资的事情是人所共知，不需多讲。

梅兰芳对于冯耿光终生感激不尽，在《舞台生活四十年》中，他这样叙述："在我十四岁那年，就遇见了他。他是一个热诚爽朗的人，尤其对我的帮助，是尽了他最大的努力的。他不断地教育我、督促我、鼓励我、支持我，直到今天还是这样，可以说是四十余年如一日的。所以我在一生的事业中受他的影响很大，得他的帮助也最多……"

梅兰芳的叙述突出了他和冯耿光之间朋友关系"纯洁"的一面，却隐蔽了歌郎和"老斗"之间关系的另一面。

三、年纪轻轻的伶界大王

梅兰芳的姑母说他幼年时候"言不出众，貌不惊人"其实不假，八九岁至十一二岁的"群子"（梅兰芳的小名，一说：裙子）面貌不美，又不大聪明，教习觉得他有点"木讷"，只有启蒙老师吴菱仙（时小福的徒弟）天天耐心地去教梅兰芳，毫不灰心。那时候，梅兰芳的姐夫朱小芬还抱怨吴菱仙说："你不是白费事么，难道说这样的小孩，将来还可以吃戏饭（靠唱戏吃饭）么？"［见齐如山《清代皮簧名脚（角）简述》］可是，吴菱仙的功夫没有白费，梅兰芳慢慢地有了起色，到了十六岁，面貌越变越美，嗓音也越来越甜、越来越亮——他不过是开窍晚了一点。

梅兰芳的时运好，他进入演艺界的时候，正是"后三鼎甲"打造的，看重京剧艺术的时代，同时，他也适逢作为娱乐业的堂子走向衰败的时期，这使他有可能避免了深入歌郎一途。一板一眼的木讷性格，也使他受益匪浅，这使他没有步"聪明反被聪明误"的走红歌郎王蕙芳的道路，而有机会选择在艺术上展开自己的生命。

旧时评判演员的天分学力有六个

方面：嗓音好、身材好、面貌好是天分；会唱、身段好、表情好是学力，天分是上天所赐，学力却是需要自己努力的。

梅兰芳天赋上乘：嗓子宽而亮、有膛音、有韵味，身材适中，面貌和扮相也符合理想的尺度。他对于事情的领悟能力不是属于一学就会、一点就透、灵气逼人的那一种，可是他却是一旦铭记在心就能够细心揣摩、举一反三，他常常认定自己"很笨"，其实笨也有笨的好处。

梅兰芳生活在祖父梅巧玲、父亲梅肖芬的余荫之下，生活在名琴师、伯父梅雨田的辅佐之中，他从小家境贫寒，没有养成纨绔的习气，当时不少名伶都对"梅巧玲的孙子、梅肖芬的儿子"有过悉心的指点：同光十三绝之一，时小福的弟子吴菱仙为他启蒙，教他学会了《二进宫》《桑园会》《三娘教子》《三击掌》《二度梅》等三十几出青衣戏；外祖父杨隆寿的弟子茹莱卿教他武功打把子，传授给他武戏《木兰从军》《乾元山》等，而且还在四十岁后成为他的琴师；师事梅巧玲的旧派青衣泰斗陈德霖，尽心竭力地教给他昆曲和青衣的身段、步位、唱腔，一遍一遍不怕麻烦，让他学会了昆曲《游园惊梦》《思凡》《断桥》；曾经是内廷供奉的乔蕙兰以及李寿山、丁兰荪向他传授昆曲的身段、表情、做工、唱法；当时演出《贵妃醉酒》最叫座（使观众为他去看戏）的刀马旦路三宝，教给他衔杯、卧鱼的身段、醉酒的台步、看雁的云步、执扇的身段、抖袖的程式；武净钱金福教给他小生戏如《镇潭州》中的杨再兴，《三江口》中的周瑜；昆旦李寿山教给他《风筝误》《金山寺》《断桥》和吹腔戏《昭君出塞》；王瑶卿教过他《虹霓关》……这一切都给了他博采众长的机会。

从继承传统的方面来看，幸运的梅兰芳赶上了"后三鼎甲"的灵魂——谭鑫培炉火纯青的艺术晚年，并有幸与这个在年龄上是他的爷爷辈的老生泰斗同台演出，这使他受益匪浅。

梅兰芳在《舞台生活四十年》"看戏"一节里曾经详细地谈到自己第

一次看谭鑫培的戏,如何体味了老谭的
与众不同:

　　　　我初看谭老板(鑫培)的
戏,就有一种特殊的感想。当时
扮老生的演员,都是身体魁梧,
嗓音洪亮的。唯有他的扮相,是
那样的瘦削,嗓音是那样的细腻
悠扬,一望而知是个好演员的风
度。有一次他跟金秀山合演《捉
放曹》,曹操出场唱完了一句,
跟着陈宫接唱"路上行人马蹄
忙",我在池子后排的边上,听
得不大清楚。吕伯奢草堂里面的
唱腔和对句,也没有使劲。我正
有点失望,哪晓得等到曹操拔剑

"杀家"的一场，才看出他那种深刻的表情。就说他那双眼睛，真是目光炯炯，早就把全场观众的精神掌握住了。从此一路精彩下去，唱到《宿店》的大段二黄，愈唱愈高，真像"深山鹤唳，月出云中"。陈宫的一腔悔恨怨愤，都从唱词音节和面部表情深深地表达出来。满戏园子静到一点声音都没有，台下的观众，有的闭目凝神细听，有的目不转睛地看，心灵上都到了净化的境地。我那时虽然还只有一个小学生的程度，不能完全领略他的高度的艺术，只就表面看得懂的部分来讲，已经觉得精神上有说不出来的轻松愉快了。

在梅兰芳的眼里，谭鑫培的唱不是单纯的唱，演也不是单纯的演，而是名副其实的演唱，他的表演是从人物出发，注重揭示人物内心，而只有这样的演唱，才会感人至深。他与谭鑫培合演过《桑园寄子》《汾河湾》《四郎探母》等，一次次近距离地领略到老谭的艺术修养。

他也有幸赶上了风华正茂的杨小楼在舞台上的传神表演，并且有机会和这位在年辈上是他的"杨大叔"的国剧宗师同台演出《霸王别姬》，他对杨小楼这样叙述：

杨老板的艺术，在我们戏剧界里可以算是一位出类拔萃、数一数二的典型人物……他的嘴里有劲，咬字准确而清楚，遇到剧情紧张的时候，凭他念的几句道白，就能把剧中人的满腔悲愤尽量表达出来。观众说他扮谁像谁，这里面虽然还有别的条件，但是他那条传神的嗓子，却占着很重要的分量。所以他不但能抓得住观众，就是跟他同台表演的演员，也会受到他那种声音和神态的陶醉，不得不振作起来……

在梅兰芳的眼里，杨小楼除了武功之外，他在舞台上的一行一动，他的

梅兰芳（饰演虞姬）和杨小楼（饰演楚霸
王）合演《霸王别姬》

道白、声音和神态都能够传达出剧中人的心理内容，抓住观众和同台表演的演员。梅兰芳说是：

> 生旦净末丑，哪一行的前辈们都有他们的绝活，就怕你不肯认真学，要是肯学的话，每天见闻所及，就全是艺术的精华……

> 谭鑫培、杨小楼这二位大师，是对我影响最深最大的，虽然我是旦行，他们是生行，可是我从他们二位身上学到的东西最多最重要。他们二位所演的戏，我感觉很难指出哪一点最好，因为他们从来是演某一出戏就给人以完整的精彩的一出戏，一个完

整的感染力极强的人物形象。

梅兰芳从谭鑫培、杨小楼等前辈那儿懂得了，以声容并茂的神韵刻画人物是表演的关键所在，梅兰芳慢慢地接受了不能死守门户，要勇于创新、博采众家之长的理念，而且把这些有益的理念，逐渐贯彻到他自己扮演的戏曲人物心理、性格的多层次表现之中，并且开始开拓自己的与众不同……观众立刻就敏感地注意到了这颗正在冉冉升起的明星，在他二十岁的民国二年（一九一三），他的"人气"已经直趋老谭和小楼。

《舞台生活四十年》第一集"二本《虹霓关》"中记录了一位叫作言简

斋的观众在一九五一年感慨良深地回忆起四十年前在广德楼看义务夜戏时的一件往事：

民国二年（一九一三）的初夏，日子记不清了。我跟几个朋友预先定好了一个包厢，同座还有红豆馆主侗五爷（溥侗）。我进馆子的时候，台上正是吴彩霞唱的《孝感天》，下来就是《黄鹤楼》，刘鸿声的刘备，张宝昆的周瑜……

戏单上写着梅兰芳、王蕙芳合演《五花洞》，戏码正在《黄鹤楼》前面一出。观众先以为是把两个戏码换了演的，那么下面该是《五花洞》了。等到瞧见《盗宗卷》的太后上场，就知道不对了。《盗宗卷》是谭鑫培的张苍、贾洪林的陈平、戴韵芳的太后、谢宝云的张夫人、陆杏林扮张苍的儿子，照习惯是不会唱在《五花洞》的头里的。那准是《五花洞》不唱了。登时台下不答应，骚动起来。人丛里面乱哄哄地有许多人在自由发言，说："为什么没有《五花洞》？为什么梅兰芳不露（不演出）？"您想楼上下都这样嚷着说话，秩序还能好吗？这情势越来越严重，就连老谭的张苍出场，也压不下来。等他唱过两场，台上贴出一张纸条，上写"梅兰芳今晚准演不误"九个大字，这才算稍微平静了一点。

在这种纷乱的情绪里面，老谭也唱不痛快，把这出《盗宗卷》总算对付过去。跟着王蕙芳扮的东方氏上场，台下又都嚷着说："《五花洞》改了《虹霓关》，梅兰芳又露了。"等梅先生扮丫鬟出场，观众是欢声雷动，就仿佛有一件什么宝贝掉了，又找了回来似的，那种喜出望外的表情，我简直就没法加以形容……

大轴是《殷家堡》，杨小楼的黄天霸、黄三（润甫）的殷洪、钱金福的关太、王栓子（长林）的朱光祖、九阵风的郝素玉，搭配得非常整齐。可惜时间已晚，观众也都尽兴了，有不少人就离座走了……

　　这场戏的戏码，压轴是老谭、大轴是杨小楼，梅兰芳不过是倒数第三，老谭和小楼早已经是多年的常胜将军，偶像级的明星，观众居然因为"梅兰芳不露"而骚乱，老谭和小楼竟然压不住场，这使得"爷爷"和"杨大叔"都很没有面子。那天，杨小楼唱完戏，一句话没有说就走了，谭鑫培的心情也不亚于杨小楼……这是老谭和小楼在"人缘"上第一次输给了梅兰芳。

　　一九一三年，二十岁的梅兰芳作为"二牌"角色第一次跟随王凤卿去上海，演出大获成功，风头甚至于超过了"头牌"王凤卿。他在报纸上被说成是"初到申独一无二天下第一青衣""环球第一青衣"，这样的名头虽然让梅兰芳觉得夸张太过，但是上海的新奇，新思潮、时装新戏仍然让他兴奋不已，回京以后他开始排演新戏。

　　在追逐新潮的社会氛围中，梅兰芳排演了穿老戏服装的新戏《牢狱鸳鸯》，实验了穿时装的新戏《孽海波澜》《宦海潮》《邓霞姑》《一缕麻》，创演了古装新戏《嫦娥奔月》《黛玉葬花》《千金一笑》，从唱腔、表演等方面改进了昆曲《思凡》《春香闹学》《佳期》《拷红》等。

十八个月的改革实践过去了，梅兰芳的紧张、兴奋、新异逐渐冷却下来，回忆起前一段的日子，虽然靠着"梅兰芳"三个字就已经具有的号召力，使他无论演出什么戏都可以有"上座率"，新戏也的确吸引了一批求新求异的观众，可是他也失去了一批自己的老观众，他开始对自己的实践进行了实事求是的思考和评估，得出了这样的结论：

　　艺术的本身，不会永远站着不动，总是像后浪推前浪似的一个劲儿往前赶的，不过后人的改革和创作，都应该先吸取前辈留给我们的艺术精粹，再配合了自己的功夫和经验，循序进展，这才是改革艺术的一条康庄大道。如果只是靠着自己一点小聪明劲儿，没有什么根据，凭空臆造，原意是想改善，结果恐怕反而离开了艺术。

（见《舞台生活四十年》）

他的结论其实是"老生常谈"，可老生常谈却常常是真理。这个"老生常谈"后来被他表述为"移步不换形"，一九五〇年曾经被批判为"阻碍京剧彻底改革"的"改良主义"理论。

做人、做事、唱戏、学术其实一理，世界上的道理也就那么多，梅兰芳是个艺人，文化程度连小学毕业都没

有，可是，他能有这样的见识其实很了
不起。这样的见识比今天一些文化程度
极高却是急功近利的人高明得多——看
来，见识与文化程度并不总是成正比的。

生性朴讷的梅兰芳不是陡然升起
的明星。他的渐变过程相当缓慢，从光
绪三十年（一九〇四）他十一岁初次登
台，一直到民国五、六年（一九一六、
一九一七）梅兰芳开始接替前辈名旦陈
德霖、王瑶卿，取得了与年长他两辈、
当时的伶界泰斗谭鑫培唱"对儿戏"的
资格，成为旦行的中坚人物，一直到民
国十年（一九二一）他二十八岁时，才
从唱配角、唱主角、唱堂会、灌唱片、
会海派的一系列较量中，稳步地在京剧
界确立了被公认的权威地位，标志就

是：一九二一年一月八日，梅兰芳在名伶合作会演的义务戏中，成为了压轴的主角。

辛亥革命后的一九二三年，紫禁城内的"皇廷"还存而未废。这年的八月二十二日、二十三日，在敬懿皇贵太妃整寿的时候，升平署按照老例"传戏"，曾经的内廷供奉和新走红的民间演员都被传进皇宫承应演戏，那是紫禁城中的最后一次"承应戏"。民间艺人被调选进宫给皇家演戏，在当时仍然也还是一种不可多得的荣誉，那意味着对一个演员素质、技艺的全面肯定。

梅兰芳与姚玉芙、姜妙香搭档合演了《游园惊梦》，与杨小楼合演了《霸王别姬》。

次日，他得到了赏金三百元，成为新传演员中独一无二的"状元"，只有早已成名的升平署教习、内廷供奉杨小楼与他的赏金相同。

那时候谭鑫培已经去世，而梅兰芳此次成为"状元"、在皇宫中获得"殊荣"，则意味着他在梨园的排行，已经上升到开始取代"伶界大王"谭鑫培的地步，那一年他刚刚年届而立，可以算得上是年纪轻轻。

一九二四年、一九二五年，他与在清宫一同获得衣料和文玩特赏的杨小楼、余叔岩，事实上已经成为又一届虽无其名，但有其实的"新三鼎甲"，不过，与"三鼎甲"和"后三鼎甲"不同的是，"新三鼎甲"已不再是清一色的老生，男旦梅兰芳的厕身其间，开启了"四大名旦"领先时尚的新时代。

关于"四大名旦"的来历和排列，在八十年后的今天已经是众说纷纭，有的说法还与事实相去甚远。

二〇〇二年，我在东京的"东洋文库"，为了弄清楚辻听花的事情去查阅《顺天时报》时，特别注意到民国十六年（一九二七），该报是否有过"群众投票"选举、排列六大名旦、五大名旦、四大名旦次序的旧事，查阅的结果如下：

这件事是由《顺天时报》举行的一次"五大名伶新剧夺魁投票"选举引发出来的。

《顺天时报》是日本人办的中文

日报，光绪二十七年（一九〇一）发刊于北京。负责新剧票选这件事的报社记者，笔名叫辻听花，他是一个在日本人中不多见的、不折不扣的"戏迷"。

一九二七年六月二十日，《顺天时报》开始"征集五大名伶新剧夺魁投票"活动，报上说明活动主旨是："本社今为鼓吹新剧，奖励艺员起见，举行征集五大名伶新剧夺魁投票，请一般爱剧诸君，依左列投票规定，陆续投票，以遂本社之微衷为盼。"

五大名伶依次是：梅兰芳、尚小云、荀慧生、程砚秋、徐碧云。每人名下列举新剧四五出，以供投票者选择。

到了一个月之后的七月二十三日，《顺天时报》公布"五大名伶新剧夺魁投票最后之结果"：

梅兰芳的《太真外传》当选，得票总计1774张

尚小云的《摩登伽女》当选，得票总计6628张

荀慧生的《丹青引》当选，得票1254张

程砚秋的《红拂传》当选，得票4785张

徐碧云的《绿珠》当选，得票1709张

这次投票，不是票选"四大名旦"，而是票选"五大名伶新剧夺魁"，投票结果的名次是：

第一：尚小云的《摩登伽女》

第二：程砚秋的《红拂传》

"四大名旦"戏装照,自左至右:程砚秋、尚小云、梅兰芳、荀慧生

"四大名旦"，自左至右：程砚秋、尚小云、梅兰芳、荀慧生

第三：梅兰芳的《太真外传》

第四：徐碧云的《绿珠》

第五：荀慧生的《丹青引》

在七月二十三日投票结束，发表"五大名伶新剧夺魁投票最后之结果"的同时，让听花在他的戏评专栏《缥蒂花》（一百八十四期）上，为这次活动写了这样的"结束语"：

> 呜呼五伶新剧之夺魁，现已确定，声誉隆起。果尔则各剧场若一旦将此种当选新剧再行开幕，热心演唱，深受各界人士之欢迎，倍蓰从前，不卜可知矣。

算是为这次炒作了一个多月的活

动画上了句号。

这次"选举"的意义和过程，没有今人叙述的那么特别和严重，它只是当时无数次选名伶、排座次之中的一次，也可以说是作为媒体的《顺天时报》，为了引人注意而制造的一次新闻宣传而已。

2004年作家出版社出版了《梅兰芳画传》，其中对于"四大名旦"的称谓和排列顺序发生的来龙去脉做了梳理：

"四大名旦"的称谓是由天津《大风报》社长沙大风于1921年在《大风报》创刊号上首提（先指梅兰芳、尚小云、朱琴心、程砚秋，后改梅兰芳、尚小云、程砚秋、荀慧生）……

1930年8月，上海的《戏剧月刊》首次以"四大名旦"之名举行了一次有关梅、程、尚、荀的征文活动，此活动名为"现代四大名旦之比较"，说穿了其实就是一个座次排名问题。综合天资、扮相、嗓音、字眼、唱腔、台容、身段、台步、表情、武艺、新剧、旧剧、昆戏、品格等，比较结果是梅兰芳以575分的总分名列"四大名旦"之首，其次是程砚秋、荀慧生、尚小云。

如果《画传》所言不虚，再加上前面所述《顺天时报》"五大名伶新剧夺魁"票选结果，关于"票选四大名旦"的事，就算是清楚明白，可以不再以讹传讹了，也就是说，"四大名旦"的说法，首提于一九二一年的天津，确定于一九三〇年的上海，一九二七年北京《顺天时报》的"五大名伶新剧夺魁投票"只是一个中间环节。

以梅兰芳为首的"四大名旦"的幸运之点是他们赶上了新旧交替的时代变迁。辛亥革命、五四运动和以后的社会变革，使社会和观念都出现了近乎解体，但又酝酿着重建的状态，也许正是这样的失了章法然而又显得特别宽容的时代，充满了各种生机和可能性，从而提供了使人的创造力和创新意识可以得到发挥的土壤，这与所谓"国家不幸诗家

幸"是同样的道理。梅兰芳这个奇迹是
这个时代成就的，也是他自己成就的。

"芙蓉草"赵桐珊说：

> 梅大爷在台上的玩意儿是没
> 法学的。他随便抖一抖袖，整一
> 整鬓，走几步，指一下，都满好
> 看，很普通的一个老身段，使在
> 他的身上，那就不一样了。让人
> 瞧了觉得舒泰。这没有说的，完
> 全是功夫到了的关系。

也就是说，梅兰芳的艺术已经臻
于化境。"芙蓉草"的说法与余叔岩评
判杨小楼如出一辙。

确实，中正平和、中规中矩、不

峭不险、没有特点就是梅兰芳的特点。

　　当然，如果你一定要追问他的特别之处，那就是他有着一种特别的气度：高贵、大气、从容，又不失神秘。

　　吴性栽说是：

　　　　他虚怀若谷，谦谦君子，在舞台上尽管享盛名而不坠，作为一个艺术家和一个人，我觉得也是唯一不为盛名所累的。他不求特出（殊），只求平凡，也许可以说，最高的艺术是从绚烂到平淡。他具备一切不平凡的美德，身体力行，终生不懈……

　　此言甚是。

四、人缘好的名伶

如果说梅兰芳对于职业的勤奋好学、临事不苟，处事与人为善、从善如流的品性，是他在艺术上取得成功的根本原因，那么他的为人谦恭平和、器量弘深则是他一生都有人鼎力相助、一生平安的因由。

谦恭平和是他的一种态度，也是他为人的出发点，从年轻时候直到他成为名重一时的伶界大王，他都能够始终以别人的长处衡量自己的短处，从别人那里吸取长处。

看完黄三（黄润普）的戏，他说："这位老先生对于业务的认真，表演的深刻，功夫的结实，我是佩服极了。他无论扮什么角色，即使是最不重要的，也一定聚精会神，一丝不苟地表演着。观众对他的印象非常好，总是报以热烈彩声。假使有一天，台下没有反应，他卸装以后，就会懊丧到连饭都不想吃。"（见《舞台生活四十年》）

看完王瑶卿的《悦来店》，他说："王大爷的玩意儿（表演艺术）咱们简直没法比。"（见唐鲁孙《南北看》）

看完"小翠花"上跷表演《贵妃醉酒》，他说："看过于老板的《醉

酒》，咱们这出戏，应该挂起来（不再上演）啦。"（见唐鲁孙《大杂烩》）

对于谭鑫培和杨小楼就更不用说了，每一次看完他们的演出，他都会有不同的收获……

他对其他伶人的肯定都是真心真意的，正因为如此，他才能做到不断地转益多师，不断地丰富自己。

他尊重所有的人：前辈名伶、同辈弟兄、晚辈生徒……用自己的方式——传统而又充满了人情味。

他生平最最尊重的人，就是与梅巧玲交情深厚的谭鑫培（梅兰芳叫谭鑫培"爷爷"）和小时候常常背着他上学的杨小楼（梅兰芳叫杨小楼"杨大叔"），然而，在他的人望开始高涨，而谭鑫培已经夕阳西下的时候，却在事先毫不知情的情况下，与谭鑫培唱了一出"对台"。

那是双庆社在东安市场的吉祥戏园演出，老板俞振庭要求梅兰芳把新戏《孽海波澜》分唱四天，每天再搭配一出老戏，以新旧搭配的"双出"增强号召力，俞振庭却没有告诉他，真正的原因是：他们碰上了老谭要在丹桂茶园演出，两个戏园子相距不远，俞振庭实在是害怕自己的双庆社敌不过老谭的叫座能力——梅兰芳并不知道这些情况，就答应了俞振庭的建议。

当时，梅兰芳二十出头，谭鑫培已经年近古稀；梅兰芳风头正健，老谭则无论身体和精力都已经是强弩之末；

梅兰芳新戏、老戏拼在一起每天演双出，自然是号召力大、卖座好……这四天，吉祥戏园的观众挤不动，老谭虽然是打点精神，以贴演平时叫座的"硬戏码"来应对小梅，可是丹桂茶园的上座儿还是掉下去几成，最后的两天就更是观众寥寥了……谭鑫培的伤心、无奈可想而知。

知道了这样的情况以后，梅兰芳心里好生不安……几天以后，两个冰雪聪明的人在戒台寺相遇，梅兰芳紧走几步，双手垂下，站在老谭旁边恭恭敬敬地招呼一声"爷爷"，谭鑫培是何等样人？他很大度地拍了拍忐忑不安的梅兰芳，笑道："好，你这小子，又赶到我这儿来了，一会儿上我那儿去坐。"然后不改常态地与其他人打招呼——他顾及着自己的面子。

梅兰芳果然到老谭的住处（戒台寺的偏院）去看爷爷，祖孙两个谁都没有提"对台"的事情……是啊！谁都知道：舞台是无情的，观众只追捧年轻走红的名伶……这件事之后没多久，谭鑫培就去世了。

不知道是不是老谭的很快去世让梅兰芳更加不安和自遣，梅兰芳在三十几年之后，仍然没有忘记这次错在自己的"对台"往事，在《舞台生活四十年》"戒台寺"一文中他说：

按说我跟谭老板都是舞台上的演员，各唱各的戏，本来谈不到要什么你让我躲的，可是这一次的情形有点两样。因为他在晚年，是不常出台的了。我正在壮年，唱的日子多得很。当他偶然露（出演）几天，我不应该顺着俞振庭的意思，用新戏老戏夹着唱的新花样，来跟他"打对台"的。我不是错在答应俞振庭要求的时候，我是错在谭老板在丹桂贴演重头戏码以后，没有跟俞五（俞振庭）交涉，变更我们预订的计划。其实等谭老板唱过了，不是还可以让俞五使上这个噱头的吗？我当时的确只顾了吉祥的营业，忽略了丹桂会受这样大的影响。后来事实已经告诉我们，他那边座儿不好，我还是咄咄逼人，不肯让步。使这位久享盛名的老艺人，在快要结束他的舞台生活以前，还遇到这样的一个不痛快。这无论如何是说不过去的……

在这件事之后二十年的一九三六年，梅兰芳在第一舞台演出时，有人建议他的最高票价一定要定在一块二以上，超过正在吉祥戏院演出的杨小楼，意思是：如果梅兰芳的票价高，卖座还能超过杨小楼，杨小楼就真的是败下阵来了……这样的争上下、比高低，也是当时一种常见的"打对台"的方式。

已经处于全盛时期的梅兰芳，坚

决拒绝了这样的建议，他无论如何也不想让杨小楼下不来台……杨小楼当时五十九岁，已经进入老年，而梅兰芳刚刚年逾不惑——或许是当年与老谭"打对台"的事情依然还在他的心头吧！

正在他顾念前辈名伶杨小楼，坚决不与"杨大叔""打对台"的时候，他的年轻气盛的徒弟程砚秋却在中和戏院实实在在地与他打了一场"对台"……梅兰芳以平和的心境，接受了徒弟的挑战，结果，程砚秋在卖座上没能胜出、在舆论上也没有占到上风，对于此番师徒"对台"，旁观者人言籍籍，当时的舆论，大多数习惯于以"事师之道"作为出发点来做道德判断。

又过了十年，梅兰芳与程砚秋在

上海又不期遭遇了第二次"对台"。这一年梅兰芳已年届五十岁，而程砚秋正值盛年，此次的程砚秋或许是面对年老的师父内心感到了不妥和不安，特别先期到梅宅致歉，梅兰芳依然心境平和，大度地宽慰弟子尽量发挥……结果是师徒打了平手——想要扳倒梅兰芳，看起来也不那么容易！

名伶们对于"打对台"的不同处理，透露出他们不同的人品和性情，虽然是"商场无情"可是人是可以有情的啊！对于一个人来说，名和利应该不是一切，这大概是梅兰芳品性之中最可贵的地方。

在梅兰芳的生命中，有两种人一直伴随着他，一是同事，二是朋友，对于一个出身梨园的艺人来说，同事和朋友的内容其实又很复杂：同台演出的同事，经常本来就是亲戚故交，而台下研讨戏曲的朋友，又常常是观众、崇拜者、利害相关的人，这是一个内容复杂、成分各异的群体。

说到与梅兰芳常年合作的同事，那可真是数不胜数：年轻的时候，他"陪着"爷爷谭鑫培、大叔杨小楼唱；成名之后，小生姜妙香、丑角肖长华、刘连荣是陪伴辅佐梅兰芳时间最长的绿叶，与梅兰芳合作将近半个世纪；年长半辈的老生王凤卿，开始是"提拔"梅兰芳，后来是为梅兰芳"跨刀"（次主角）多年；姨父徐兰沅为他操琴二十八年，姚玉芙曾经是梅兰芳的配角，谢绝舞台之后，与李春林一起帮助梅兰芳处理对外事务；文公达、李斐叔、许姬传都曾经为梅兰芳司管宣传和文书。其他如：路三宝、王蕙芳、俞振飞、周信芳、王瑶卿、孟小冬、田际云、俞振庭、李顺亭、钱金福、王长林、杨宝森、程砚秋、尚小云等当时中国京剧的第一流名伶，都曾经是他的合作伙伴和同事……梅兰芳遭逢了戏曲的全盛时代，他和一大批名伶共同造就了晚清至民国年间舞台上的绚丽多彩。

梅兰芳的朋友也是多得数不胜数，他不仅能够在忙碌之中，与各式各样的人相处到善始善终，而且可以在关键时刻得到他们的鼎力相助，这不能不归功于梅兰芳天性中的与人为善和

梅兰芳（左，饰演红娘）、程砚秋（中，饰演崔莺莺）、尚小云（右，饰演张生）合演《西厢记》

器量弘深所具有的极大的吸引力，这种吸引力可以使不同出身、不同文化、不同教养的人与他同声相应、同气相求，比如：

冯耿光（中国银行董事）从仰慕他才艺的"老斗"，变成维护他的朋友，五十年如一日，在梅兰芳走出国门前往美国之前遇到经济困难的时候，冯耿光还为他筹钱十万元。

齐如山（世家子弟、同文馆学生）辅佐梅兰芳不遗余力，为他编戏、排戏、策划出访美国，合作二十余年。

其他如：李释戡（留学日本、民国初年陆军中将、行政院参事）、吴震修（留学日本）、黄秋岳（留学日本）、张彭春（哥伦比亚大学毕业、中西戏剧研究者）、余上沅（胡适学生、北大英文系毕业、曾经赴美研究戏剧）、费穆（电影导演）、罗瘿公（光绪二十九年副贡、康有为的学生）等等，都是多年来围绕在梅兰芳的周围，可以为他撰写剧本、与他讨论剧情、导演戏曲表演的人。

而曾经是北大学生的剧评家张厚载（张豂子）、京师大译学馆的学生张庚楼、张孟嘉、沈耕梅、陶益生、言简斋，以及光绪元年恩科举人易顺鼎（实甫）、光绪三年进士樊增祥（云门）等等，也都是他的崇拜者和朋友。

在竞争激烈的旧时代舞台上，梅兰芳度过了四十多年的舞台生活，他从始至终都是一个人缘好、口碑好的名伶。

五、恰到好处的一生

　　梅兰芳在围绕着他的，有着不同的出身背景、工作经历和不同文化修养的人的影响、熏陶、帮助下眼界大开，艺术品位也不断地得到提高，以至于成为戏曲界走出国门的第一人：

　　一九一九年，第一次赴日本演出。

　　一九二四年，第二次赴日本演出。

　　一九二八年，第二次赴香港演出。

　　一九三〇年，第一次赴美国演出，带回了"文学博士"的头衔。

一九三一年，第三次赴香港演出。

一九三五年，第一次赴苏联演出、第一次赴欧洲考察戏剧。

……

梅兰芳成为了中国艺术的使者、代表和象征……

一九四九年梅兰芳五十六岁，在齐如山东去台湾的时候，他选择了留在大陆。

中华人民共和国成立之后，他被挑选成为"戏剧界的一面旗帜"，他被委以诸多的"重任"，一跃成为政府的官员：全国政协常务委员、全国人大代表、中国文联副主席、中国戏剧家协会副主席、中国戏曲研究院院长、中国京剧院院长、中国戏曲学院院长……

在进入老年的时候，这些"荣华富贵"的桂冠和光环依然簇拥着他。

他可以免去旧社会艺人老景凄凉的命运（就像是余玉琴）；也可以不必晚年时候还不能不登台演出（就像是谭鑫培、杨小楼）；他还能够在各种各样的政治运动中平安无事（没有像尚小云、言慧珠、杨宝忠、叶盛兰、叶盛长、奚啸伯、马连良一样）……

梅兰芳死在一九六一年，他睡在原本存放在故宫博物院、给孙中山准备的楠木棺材里，死得安静、清扬、潇遐……那是周恩来总理建议，作价四千元卖给他的妻子福芝芳的。

他埋在香山碧云寺万花山自家的坟地里，他的第一个妻子（王明华）的旁边，另一边留下了福芝芳的寿穴。

《人民日报》和多家报纸在头版发表了他的巨幅讣告。

北京各界两千余人参加了追悼会，陈毅副总理主持了他的追悼大会。

最最幸运的是，周恩来指示要修建的他的墓地还没有来得及施工，"文化大革命"就开始了，当红卫兵扛着工具冲向万花山，准备挖掘梅兰芳坟墓的时候，却因为坟前尚未立碑，找不到确切的位置而无奈作罢，梅兰芳终于没有遭到掘墓扬尸。

他的死后哀荣为伶人们亲眼所见，他的不算长寿也曾经成为大家的遗憾，可是，到了此时此刻，那些度日如年、看着同行死无葬身之地的名伶们，才开始想到，梅兰芳的死是多么恰到好处！

在从旧社会走到新中国的伶人之中，梅兰芳一生都是幸运儿。

出版说明

"新编历史小丛书"承自20世纪60年代吴晗策划的"中国历史小丛书",其中不少名家名作已经是垂之经典的作品,一些措辞亦有写作伊初的时代特征。为了保持其原有版本风貌,再版过程中不做现代汉语的规范化统一。读者阅读时亦可从中体会到语言变化的规律。

"新编历史小丛书"编委会

图书在版编目（CIP）数据

梅兰芳 / 么书仪著 . — 北京：文津出版社，
2024.5
（新编历史小丛书）
ISBN 978-7-80554-884-5

Ⅰ . ①梅… Ⅱ . ①么… Ⅲ . ①梅兰芳（1894-1961）
—传记 Ⅳ . ①K825.78

中国国家版本馆 CIP 数据核字（2023）第 172456 号

责任编辑　白　雪
责任印制　燕雨萌
责任营销　猫　娘

新编历史小丛书

梅兰芳
MEI LANFANG

么书仪　著

出　　版	北京出版集团	
	文津出版社	
地　　址	北京北三环中路 6 号	
邮　　编	100120	
网　　址	www.bph.com.cn	
总 发 行	北京伦洋图书出版有限公司	
印　　刷	北京汇瑞嘉合文化发展有限公司	
经　　销	新华书店	
开　　本	880 毫米 ×1230 毫米　1/32	
印　　张	3	
字　　数	27 千字	
版　　次	2024 年 5 月第 1 版	
印　　次	2024 年 5 月第 1 次印刷	
书　　号	ISBN 978-7-80554-884-5	
定　　价	24.80 元	